12 Décembre 1904

marqué P

VENTE PAR SUITE DE DÉPART

TRÈS BEAU

# MOBILIER ANCIEN

DES

XVI$^{e}$, XVII$^{e}$ ET XVIII$^{e}$ SIÈCLES

## OBJETS D'ART, SCULPTURES

*Tableaux, Gravures*

TAPISSERIES, BRODERIES



Me LAIR-DUBREUIL
COMMISSAIRE-PRISEUR

M. ARTHUR BLOCHE
EXPERT PRÈS LA COUR D'APPEL

IMPRIMERIE DE L'ART

CATALOGUE

DU

TRÈS BEAU

# MOBILIER ANCIEN

DES

XVI^e, XVII^e ET XVIII^e SIÈCLES

TABLEAUX, GRAVURES

# OBJETS D'ART ET DE CURIOSITÉ

*Sculptures décoratives — Portiques*

BRONZES, CUIVRES, FERS OUVRÉS, PORCELAINES, FAIENCES, MARBRES, CIRES

**JOLIES TAPISSERIES**

Dentelles au filet vénitien. Broderies, Étoffes

DONT LA VENTE AURA LIEU

**Par suite de départ**

HOTEL DROUOT, SALLE N° 1

**Les Lundi 12, Mardi 13, Mercredi 14 et Jeudi 15 Décembre 1904**

*à 2 heures 1/4*


**Mᵉ LAIR-DUBREUIL**
COMMISSAIRE-PRISEUR
6, rue de Hanovre

**M. ARTHUR BLOCHE**
EXPERT PRÈS LA COUR D'APPEL
51, rue Saint-Georges


EXPOSITION PUBLIQUE

**Le Dimanche 11 Décembre 1904, de 2 heures à 5 h. 1/2**

## CONDITIONS DE LA VENTE

Elle se fera expressément au comptant.

Les acquéreurs paieront *dix pour cent* en sus des prix d'adjudication.

L'exposition mettant le public à même de se rendre compte de l'état et de la nature des objets, il ne sera admis aucune réclamation, une fois l'adjudication prononcée.

Paris. — Imp. de l'Art, E. Moreau et C^ie, 41, rue de la Victoire.

# DÉSIGNATION

## MOBILIER

1 — Meuble cabinet, en bois noir, plaqué d'écaille et orné d'appliques en cuivre doré et repoussé à rocailles ; le corps du haut, supporté par des colonnettes, est en ressaut sur le devant et s'ouvre à une porte, décorée d'une peinture vernis Martin représentant une femme en costume bordé de fourrures, les côtés s'ouvrent à trois petits tiroirs, le haut à galerie ajourée ornée de petites cassolettes en bronze doré et ajouré ; le fronton accosté de volutes est orné au centre d'une peinture représentant un homme tenant un livre, le couronnement de trois statuettes de nymphes en bronze doré. Travail italien du XVIIe siècle.

2 — Grande cheminée d'aspect architectural, en chêne sculpté, formée par deux pilastres cannelés surmontés de chapiteaux et supportant le caisson offrant au centre des armoiries en bois peint et doré au milieu de rinceaux fleuronnés ; en contre-bas, se présente également une frise ornée d'armoiries en bois peint et doré alternant entre des rinceaux se terminant en têtes de chimères, corne

d'abondance et tête de chérubin : le fronton, à doubles colonnettes plates cannelées, est orné d'une peinture ancienne de l'École hollandaise, représentant une famille dans un paysage : la plaque de fonte de la cheminée est à écusson fleurdelysé surmonté d'une couronne, accosté et supporté par des figurines d'amours. Époque Renaissance, le fronton et le fond de la cheminée sont rapportés.

3 — Porte-manteau en noyer sculpté, s'ouvrant à deux portes dans le bas, ornées de bas-reliefs représentant des personnages assis sur des lions au milieu de cartouches à mascarons et volatiles : les montants offrent dans le haut des figurines d'amours assis sur des volutes feuillagées et des chutes de fleurs ; le fond est en ancienne tapisserie verdure. (Fait avec un meuble en bois sculpté de la Renaissance).

4-5 — Deux grands coffres de mariage, en noyer sculpté à cannelures, la base à gaudrons, offrant au centre des armoiries au milieu d'une couronne. Époque de la Renaissance.

6 — Meuble Renaissance à deux corps, en bois sculpté : le corps du haut s'ouvre dans le milieu à une porte ornée d'une glace, avec les côtés en forme de niches ; les montants sont ornés de cariatides d'homme et de femme posées sur des gaines à mascarons, chutes de fruits et feuillages, le haut orné de cartouches à oves est couronné d'un fronton à gaudrons et tête de

personnages : le corps du bas s'ouvre dans le milieu à trois portes, offrant sur les côtés des têtes de lions, et au centre un mascaron au milieu d'ornements : les montants sont en forme de gaines ornées de têtes de lions et chutes de fruits.

7 — Console Louis XIII, de même travail, surmontée d'étagères, montants à cariatides d'homme et de femme posées sur des gaines à mascarons, le fronton à gaudrons, feuille d'acanthe et têtes de personnages. Dessus en marbre gris veiné, piètement à balustres.

8 — Grande table ronde en chêne sculpté, piètement à balustres et offrant au centre un vase à gaudrons.

9 — Baromètre rond, en bois sculpté et doré, cadre à rubans enroulés, fronton à groupes de colombes posées sur des branchages. Epoque Louis XVI.

10 — Pendule hollandaise, en ancienne laque de Coromandel à fleurs et ornements dorés sur fond noir : les côtés ornés de volutes, et le haut orné de petits vases en bois doré, cadran gravé et entouré d'ornement en bronze doré signé « Windmills, London ». Epoque Louis XIV (le mouvement, intéressant, est de l'époque).

11 — Deux petites crédences, en chêne sculpté, s'ouvrant dans le haut à une porte offrant dans

un panneau, légèrement en ressaut, un bas-relief représentant une châtelaine dans un parc, et dans l'autre une femme avec ses enfants; les montants, à colonnettes cannelées, sont surmontés de chapiteaux ioniques; le fronton à tête de lion, au milieu de rinceaux feuillagés et fleuronnés, avec tiroir dans le bas, et posant sur quatre pieds à balustres renversés. Époque Renaissance.

12 — Grand canapé en noyer sculpté et ajouré, offrant au fronton un mascaron au milieu d'un enroulement de rinceaux feuillagés, les accotoirs se terminent en têtes de béliers; recouvert en tapisserie à grands ramages, à fruits, feuillages et vases de fleurs. Époque du XVIe siècle.

13 — Deux tabourets rectangulaires en noyer sculpté, piétement à volutes, recouverts en ancienne brocatelle rouge et galons dorés. Époque XVIe siècle.

14 — Crédence en noyer sculpté, le corps du haut supporté par deux colonnes, en forme de vases, ornées d'oves et de feuillages; s'ouvre à deux portes offrant en bas-relief une tête d'homme et de femme; les côtés présentent des corbeilles de fruits au milieu d'un enroulement de motifs fleuronnés; les montants sont ornés de cariatides de personnages posés sur des gaines à mascarons, drapées et surmontées de chapiteaux ioniques. Époque de la Renaissance.

15 — Cabinet hispano-mauresque, ferrures, poignées et serrures en fer forgé et découpé ; il s'ouvre à un abattant et offre à l'intérieur des petits tiroirs, au milieu de motifs d'aspect architectural en bois ; orné de peintures et de dorures. Posant sur un scriban supporté par des colonnettes à torsades et cannelures surmontées de têtes de lions. Époque du XV<sup>e</sup> siècle.

16 — Cabinet espagnol en noyer sculpté, s'ouvrant à plusieurs petits tiroirs, ornés de rinceaux, petits personnages et groupes équestres, et offrant sur les côtés en bas-relief deux médaillons à têtes d'homme et de femme, posant sur un scriban de même travail que le meuble précédent. XVI<sup>e</sup> siècle.

17 — Table en marqueterie de bois sur piétement scriban à traverse de fer. XVI<sup>e</sup> siècle.

18 — Cabinet gênois en bois sculpté, d'aspect architectural, les montants et le fronton ornés de groupes et de figurines en haut relief et ronde bosse, le bas ouvrant à deux portes. XVI<sup>e</sup> siècle.

19 — Deux colonnes cannelées et ornementées, surmontées d'un chapiteau en bois sculpté et doré. XVI<sup>e</sup> siècle.

20 — Deux petites chaises basses recouvertes en ancien cuir de Cordoue. Époque Louis XIII.

21 — Trois chaises en noyer sculpté et ajouré, pieds et montants à colonnes torses, offrant dans le bas et dans le haut une couronne au milieu de volutes feuillagées; recouvertes en ancienne tapisserie au point et au petit point, à personnages, animaux et feuillages. Époque Louis XIII.

22 — Stalle en chêne sculpté, accotoirs à volutes feuillagées. Époque Louis XIII.

23 — Petite table ronde, de forme surbaissée, en noyer sculpté posant sur un piétement à balustre et à entrejambe, bandeau clouté de rosaces de cuivre. Époque Louis XIII.

24 — Meuble de salon, de l'époque Louis XVI, en bois sculpté rechampi de gris sur fond blanc, sculptures dorées à rubans enroulés et feuilles d'acanthe; recouvert de cuir de Cordoue, fond havane, dessin à rosaces et vases de fleurs. il se compose d'un canapé et quatre chaises.

25-26 — Cinq appliques vénitiennes à deux lumières, à fond de glace gravée à personnages mythologiques, encadrement à rocailles, frontons à coquilles. Époque Louis XV.

27 — Deux fauteuils en noyer sculpté, dossiers à contours; accotoirs supportés par des colonnettes, recouverts en ancien velours de Gênes rouge, orné de galons et franges assorties. Époque Louis XIII.

28 — Chiffonnier en noyer sculpté, ouvrant à six tiroirs, ornés de chimères et de guirlandes de fleurs, poignées et entrées de serrures en cuivre ciselé et découpé, à dauphins, au milieu d'ornements et surmontés d'une couronne, montants à figures d'amours, sous des volutes se terminant en chutes de fruits. XVIe siècle.

29 — Lit de repos en trois parties, en noyer sculpté, dessin à contours et fleurettes, dossier à oreilles et recouvert de damas de soie rouge. Époque Louis XV.

30 — Petite stalle gothique, en noyer sculpté et ajouré, montants à colonnettes, offrant au dossier, sous un portique ogival, un écusson aux armes de Paris, le haut à clochetons avec galeries à ogives fleuronnées, recouverte d'ancien velours de Gênes, fond vieil or.

31 — Coffre de mariage en noyer sculpté, le haut orné d'une frise de rubans enroulés, les côtés à cariatides ailées, pieds à griffes. Époque Renaissance.

32 — Écran en noyer sculpté, à coquilles et volutes feuillagées, feuille en tapisserie au point et au petit point, représentant un concert champêtre. Époque Louis XIV.

33 — Petite glace, de l'époque Renaissance, en chêne sculpté, le fronton, de forme architecturale, est supporté par deux colonnettes cannelées, sur-

montées de chapiteaux corinthiens; elle pose sur un entablement de même époque, à volutes et rinceaux fleuronnés, et chiffres dans le bas.

34 — Armoire en noyer sculpté, s'ouvrant à deux portes, entourages à rubans enroulés, le milieu à trophées de palmes, les montants à cariatides de femmes et chutes de fruits, le haut et le bas offrent des écussons à armoiries, au milieu de rinceaux fleuronnés, gaine d'ancien damas de soie rouge. Époque de la Renaissance.

35 — Deux consoles en bois sculpté peint vert, supportées par des statuettes d'amours drapés, et ornées de guirlandes sur les côtés, l'entablement du bas est posé sur trois pieds. Avec tapis d'ancien damas de soie rouge. Époque XVIe siècle.

36 — Petite glace, de l'époque Louis XV, cadre en bois sculpté et doré, à rocailles et guirlandes de fleurs.

37 — Petit fauteuil Louis XVI, en noyer sculpté à cannelures, foncé de canne et avec coussin en soie crème, brochée à fleurs. Époque Louis XVI.

38 — Grande console en bois sculpté et ajouré à rocailles, rinceaux et volutes feuillagées, posant sur quatre pieds à entrejambe, dessus en marbre brèche. Époque Louis XV.

39 — Grande glace, cadre en bois sculpté et doré, offrant dans le bas et sur les côtés des rocailles et volutes feuillagées, fronton orné d'une coquille, double encadrement à fond de glace, offrant en gravure des groupes et des personnages mythologiques. Époque Louis XV.

40 — Deux fauteuils à hauts dossiers découpés, en noyer sculpté, recouverts de damas rouge. Époque Louis XIII.

41 — Trois fauteuils en noyer sculpté, à coquilles et feuilles d'acanthe; recouverts de damas vert orné de galons dorés. Époque Louis XIV.

42 — Bergère, forme corbeille, en noyer sculpté, recouverte de damas rouge. Époque Louis XV.

43 — Coffre de mariage, recouvert de plaques de fer à dessin repoussé et doré, à arabesques et ornements; panneaux en ancien velours de Gènes rouge. Époque XVIe siècle.

44 — Gaine de forme octogonale, en noyer sculpté, représentant des groupes de petits personnages et s'ouvrant à une porte. Époque XVIe siècle.

45 — Deux gaines plus petites et de même travail. Époque XVIe siècle.

46 — Canapé et deux fauteuils en bois sculpté, peint blanc et or, recouverts d'ancienne soierie

gros grain, fond bleu brochée à bouquets de fleurs. Epoque Louis XVI.

47 — Glace trumeau, ornée dans le haut d'une peinture : « Les Amours à la cage », cadre en bois sculpté et doré, à rocailles. Epoque Louis XV.

48 — Petite glace de forme carrée, cadre en bois sculpté, doré et ajouré, à feuilles d'acanthe. Epoque XVIe siècle.

49 — Deux petites glaces, cadres en bois sculpté et doré, à contours et rocailles feuillagées. Epoque Louis XV.

50 — Deux petites glaces de forme carrée, cadres en bois sculpté et doré, à fleurs et enroulements feuillagés. Epoque de la Renaissance.

280 51 — Commode demi-lune, en bois de rose et filets de marqueterie, s'ouvrant sur le devant à deux tiroirs, et sur les côtés à une porte, poignées et entrées de serrures en bronze ciselé et doré ; dessus en marbre bleu turquin. Epoque Louis XVI.

52 — Table de forme rectangulaire, en noyer sculpté, piètement à colonnettes cannelées, perlés et feuilles d'acanthe, bandeau à rubans enroulés et nœuds de rubans. Epoque Louis XVI.

302 53 — Marquise en bois sculpté peint blanc et or, recouverte de soie gros grain, brochée à bouquets de fleurs. Epoque Louis XVI.

54 — Deux bergères en bois sculpté, à contours et fleurettes, peint blanc et or, recouvertes de soie bleue brochée à arbustes fleuris. Epoque Louis XV.

55 — Deux chaises, en noyer sculpté à coquilles, contours et feuilles d'acanthe, foncées de canne, dossiers avec coussins de soie rouge. Époque Louis XV.

56 — Fauteuil en noyer sculpté, à rocailles et feuilles d'acanthe, foncé de canne. Époque Louis XV.

57 — Petite bergère en noyer sculpté à contours, foncée de canne, et avec coussins de soie à rayures fond vert. Époque Louis XV.

58 — Toilette en chêne sculpté et rehaussé d'or, s'ouvrant à deux portes, ornées de médaillons à trophées d'instruments de musique au milieu de guirlandes de fleurs, entourages à perles, dessus en marbre blanc à étagère. Époque Louis XVI.

59 — Commode de l'époque Louis XVI en chêne sculpté et rehaussé d'or, s'ouvrant à cinq tiroirs ornés de guirlandes de fleurs, entourages de rubans enroulés, dessus en marbre blanc.

60 — Commode de l'époque Louis XV en noyer sculpté, de forme galbé, s'ouvrant à trois tiroirs, les poignées et les entrées de serrures en

bronze finement ciselé, à rocailles fleuronnées, piètement à volutes.

61 — Table à coiffer, en palissandre et bois de rose filet de marqueterie. Époque Louis XVI.

62 — Grande glace, cadre en bois sculpté et doré, à perles et rubans enroulés, le haut orné de guirlandes de feuilles de chêne et d'un fronton à trophée d'instruments champêtres, au milieu de palmes, fleurs et raisins. Époque Louis XVI.

63 — Petite table de l'époque Louis XV en chêne sculpté, piètement à fleurettes, bandeau à contours et rocailles.

64-65 — Deux petits meubles Louis XV, de forme contournée, en palissandre et bois de rose, ornés de marqueterie et de filets de cuivre, s'ouvrant à deux portes et à un tiroir; dessus en marbre vert de mer. Époque Louis XV.

66 — Grande glace de l'époque Louis XIV, à double encadrement sur fond de glace en bois sculpté et doré à rinceaux fleuronnés et volatiles, fronton à volutes et fleurs surmonté d'une coquille.

67 — Bureau en noyer sculpté, à rocailles et contours, posant sur quatre pieds à entrejambe, s'ouvrant dans le fond à trois petits tiroirs; surmonté d'une étagère; entrées de serrures en bronze ciselé. Époque Louis XV.

68 — Fauteuil et deux chaises en bois sculpté peint blanc et or, recouverts d'ancienne soierie moirée à rayures bleues et crème, brochée à guirlandes de fleurs. Époque Louis XVI.

69 — Deux glaces, cadres en bois sculpté et doré à rocailles fleuronnées, le fronton à palmettes. Travail espagnol de l'époque Louis XV.

70 — Fauteuil jacobin en noyer sculpté, les accotoirs à spirales, le haut à armoiries, les pieds surmontés de bustes de femmes en bronze. Epoque du Directoire.

71 — Glace trumeau, à double encadrement en bois sculpté à rubans, ornée sur les côtés d'appliques en bronze doré en forme de carquois. Epoque Louis XVI.

72 — Glace, cadre en bois sculpté et doré, à coquilles, sur un fond de carrelages et rinceaux fleuronnés. Epoque Louis XIV.

73 — Armoire normande en chêne sculpté et rehaussé de dorures, entourage à rubans enroulés et perlés ; s'ouvrant à deux portes ornées de glaces dans le haut et, dans le bas, de médaillons à trophées d'instruments de musique et guirlandes de fleurs ; montants à chutes de fleurs, le haut à groupe de colombes, sous une couronne de feuillage et posées sur un trophée de carquois. Epoque Louis XVI.

74 — Petite armoire normande en chêne sculpté rehaussé d'or, entourage à tores de lauriers et rubans, s'ouvrant à une porte ornée au centre d'un panier de fleurs et, dans le haut, d'un bouquet et d'une corbeille fleurie.

75 — Lit de repos, en deux parties, en noyer sculpté, dessin à contours et fleurettes, recouvert d'ancien damas de soie vert. Epoque Louis XV.

76 — Cadre en bois sculpté, orné de peinture représentant des enroulements de rinceaux feuillagés et fleuronnés, en rehauts d'or sur fond noir, renfermant une glace. Epoque de la Renaissance.

77 — Quatre petits escabeaux de Nuremberg, en chêne sculpté, dossiers à mascarons et volutes. Epoque Renaissance.

78 — Petite table Louis XVI en chêne sculpté, de forme contournée, piètement relié par une entrejambe à fines colonnettes cannelées, bandeau à rubans.

79 — Petit bureau hollandais, en marqueterie de bois, corbeille à guirlandes de fleurs et feuillage, s'ouvrant à un abattant et à deux tiroirs. Epoque Louis XV.

80 — Petite vitrine hollandaise en marqueterie de bois, à guirlandes de fleurs, s'ouvrant dans le

haut à une porte vitrée et dans le bas à quatre tiroirs. Époque Louis XV.

81 — Deux fauteuils Louis XIII flamands à hauts dossiers, en noyer sculpté, accotoirs à volutes feuillagées, recouverts de cuir de Cordoue, dessin à chimère, au milieu d'un enroulement de fleurs et feuillages sur fond d'or de couleur.

82 — Deux fauteuils Dagobert à hauts dossiers, de même travail.

83 — Quatre fauteuils Dagobert de même travail.

84 — Deux fauteuils X de même travail.

85 — Quatre fauteuils en noyer sculpté, recouverts de velours rouge, ornés d'application et de broderies d'or, dessin à rinceaux et feuillages. Époque Louis XIII.

86 — Deux fauteuils de forme allongée en noyer sculpté, recouverts en velours rouge orné de broderie et application, cloutés de cuivre. Époque Louis XIII.

87 — Deux fauteuils à hauts dossiers, en noyer sculpté, recouverts de velours rouge, ornés de bandes de velours de Gênes, dessin ton sur ton, panaches en bois doré. Époque Louis XIII.

88 — Trois fauteuils à hauts dossiers, en noyer sculpté, recouverts de velours vert, bandes en

velours de Gênes, dessin ton sur ton, ornés de galons et de franges, panaches, en bois doré. Époque Louis XIII.

89 à 91 — Trois petites tables rectangulaires de forme surbaissée en noyer sculpté, s'ouvrant à un tiroir et posant sur quatre pieds reliés par des traverses. Époque Louis XIII.

92 — Table rectangulaire en noyer sculpté, posant sur piètement scriban, en forme de volutes, support en fer forgé, en forme de rinceaux ornés de feuillages découpés. Époque XVIe siècle.

93 — Table ronde en bois de luxe et marqueterie, posant sur trois pieds ornés dans le haut de têtes de béliers en bois doré. XVIIIe siècle.

94 — Glace, cadre en bois sculpté et doré à rocailles fleuronnées. Époque Louis XV.

95 — Console en bois sculpté, doré et ajouré, à rocailles feuillagées, posant sur trois pieds, ornés de têtes de chérubins, dessus en marbre brèche d'Alep. Surmontée d'une glace de même travail. Époque Louis XV.

96 — Chambre à coucher, de style Louis XV, en bois sculpté et laqué gris, ornée de peintures à fleurs, composée : d'un lit de milieu avec fronton, surmonté d'une coquille au milieu d'ornements finement sculptés, les côtés capitonnés de velours rose ; d'une armoire à glace, s'ouvrant

sur le côté, à deux petites portes dans le haut avec retrait au centre, et une porte dans le bas, et de l'autre côté à une porte ornée d'une glace biseautée; d'un meuble chiffonnier s'ouvrant à deux portes et six tiroirs, une petite table ovale à tiroir, une table de nuit, dessus en marbre blanc, un fauteuil, un petit fauteuil bas et deux chaises (de la maison Poirier et Rémon).

97 — Grand cadre de glace en bois sculpté et laqué gris, le haut orné d'une peinture représentant des amours. (Allant avec la chambre à coucher.)

98 — Quatre chaises légères Louis XV en noyer sculpté et rehaussé d'or, dossiers ajourés à contours, le haut à fleurette.

99 — Lit de milieu, style Louis XVI, en chêne sculpté et rehaussé d'or; le fronton, orné de guirlandes de fleurs, est surmonté d'un trophée de torches et carquois.

100 — Table de nuit de même travail, dessus en marbre brèche.

101 — Fauteuil de style Louis XVI en chêne sculpté et rehaussé d'or, à cannelures et rubans.

102 — Toilette en bois sculpté, peint et rehaussé de dorure, dans le goût mauresque, dessus en marbre blanc, surmonté d'une glace à étagères sur les côtés.

103 — Armoire à glace de même travail, s'ouvrant à deux portes.

## SCULPTURES SUR BOIS

104 — Portique en bois sculpté, peint blanc, parties dorées, le fronton à voussures découpées, supporté par deux colonnes cannelées surmontées de chapiteaux corinthiens, offre au centre un portrait de femme avec collerette tuyautée. Ce portique provient d'un autel de l'époque Louis XIII.

105 — Deux grandes torchères en bois sculpté et doré, la tige en forme de vase ornée de fleurs et de draperies, culot à feuilles d'acanthe, la base de forme triangulaire, ornée d'écussons, offre sur les côtés des têtes de chérubins posées sur des volutes feuillagées, pieds à griffes. Époque de la Renaissance

Haut., 2 m. 88 cent.

106-107 — Deux lanternes vénitiennes, de forme octogonale, en bois sculpté, et ornées de colonnettes à torsades et d'appliques d'étain découpé à feuillage; le haut à galerie, surmontées d'un dôme ajouré; hampe en velours rouge orné de franges. Époque du XVIe siècle.

108-109 — Deux panneaux en noyer sculpté, représentant l'Apparition de l'Ange Gabriel, et David et le Lion. XVIe siècle.

110-111 — Saint en bois sculpté et doré, représenté drapé d'un manteau et dans un geste évocateur. Epoque du xv^e siècle.

112-113 — Deux petits panneaux en bois sculpté et doré, représentant en bas-relief des scènes de la Vie du Christ. xv^e siècle.

114 — Panneau en bois sculpté et doré, représentant saint Joseph. xvi^e siècle.

115 — Statuette de saint Michel, en bois sculpté peint et rehaussé de dorures. Epoque du xv^e siècle.

116 — Deux colonnes torses en bois sculpté et doré, à enroulement de branches de vigne, le haut à chapiteaux. Epoque du xvi^e siècle.

117 — Deux petites colonnes en bois sculpté et doré à torsades et enroulement de ceps de vigne. Epoque du xvi^e siècle.

118 — Statuette d'ange en bois sculpté, peint et doré. xvi^e siècle.

119 — Petite console en bois sculpté, peint et doré, offrant au centre une ove au milieu de volutes. xvi^e siècle.

120 — Deux colonnes, en bois sculpté et doré, ornées d'un enroulement de rinceaux feuillagés et fleuronnés, offrant à leurs bases deux têtes de che-

rubins et couronnées de chapitaux corinthiens. Epoque Renaissance.

121 — Deux colonnes en bois sculpté et doré à fines torsades, et surmontées de chapiteaux corinthiens. Epoque Renaissance.

122 — Deux accotoirs de stalle, en bois sculpté et doré, à volutes, accostées de deux figurines de saints. Epoque XVI$^{e}$ siècle.

## BRONZES, MARBRES, CIRES

### TERRES CUITES

123 — Petite garniture de cheminée, de l'époque Louis XVI, en marbre blanc et bronzes dorés, composée d'une pendule en forme de monument demi circulaire, ornée de quatre colonnettes supportant le mouvement couronné d'une cassolette ornée de chainettes et d'un perlé de bronze ; et de deux flambeaux en forme de colonnettes en marbre blanc, ornés de bronzes et de chainettes, et posant sur des socles carrés en marbre rouge veiné.

124 — Statuette en pierre sculptée, représentant une sainte en extase. Epoque du XV$^{e}$ siècle.

125 — Statuette en marbre, représentant un moine une main levée et de l'autre tenant son missel. Epoque du XV$^{e}$ siècle.

126 à 128 — Six torchères d'autel, en bronze argenté et repoussé, tiges de forme triangulaire, ornées de motifs en forme de vases à oves, coquilles, écussons et volutes feuillagées, posant sur trois pieds. XVIIe siècle.

129 — Statuette en terre cuite polychromée, représentant une sainte en adoration. XVIe siècle.

130 — Garniture de cheminée, composée d'une pendule de l'époque Louis XVI ; le cadran, surmonté d'une pyramide en marbre blanc, est supporté par deux petits fûts de colonnes cannelées, surmontées de rinceaux en bronze doré et de tiges ornées dans le haut de deux aigles tenant dans leurs becs des chaînettes ; socle en marbre blanc ; et de deux cassolettes de forme ovoïde posant sur trépieds à têtes de béliers, reliées par des guirlandes de fleurs.

131 — Tête de sainte femme en cire peinte au naturel, époque du XVe siècle, encadrement en bois doré de l'époque.

132 — Lampe d'autel en forme de vase, en bronze argenté, à cannelures et godrons, chaînettes reliées à des volutes ornées de mascarons feuillagés. Époque XVIe siècle.

133 — Grand cartel Louis XV en bronze ciselé et doré à rocailles et guirlandes de fleurs.

134 — Deux vases à cols évasés en cristal de roche taillé à cannelures, oves et côtes tournantes,

sur piédouches et socles carrés. Époque Louis XIII.

135 — Groupe de deux bustes de Savants romains en terre cuite polychromée. Époque du xv$^{e}$ siècle.

136 — Mortier en marbre sculpté, avec poignées sur les côtés et offrant sur le devant un buste de femme posé sur une feuille d'acanthe. xv$^{e}$ siècle.

137 — Statuette en pierre représentant un ange en adoration. Époque du xvi$^{e}$ siècle.

138-139 — Suite de six poignées en bronze ciselé, à masques diaboliques, accostés de sirènes. xvi$^{e}$ siècle.

140 à 143 — Suite de huit petits bustes de personnages en bronze ciselés sur socles en bois noir. Époque du xvi$^{e}$ siècle.

144 — Grelot en bronze, offrant par compartiments des petits cavaliers et des branchages. Époque de la Renaissance.

145 — Sonnette en bronze, offrant des emblèmes et des devises religieuses, frise à feuille d'acanthe. Époque xvi$^{e}$ siècle.

146 — Cloche en bronze, offrant tout autour des médaillons à armoiries et des bustes de personnages. Époque xvi$^{e}$ siècle.

147 — Grand mortier en bronze, offrant au pourtour deux écussons et des feuilles d'acanthe. Epoque de la Renaissance.

148 — Mortier en bronze clair, frises à perlés, rinceaux et feuilles d'acanthe. Epoque de la Renaissance.

149 à 151 — Trois petits mortiers en bronze ciselé, à emblèmes, armoiries et feuilles d'acanthe. Epoque de la Renaissance.

152 — Deux mortiers en bronze à arêtes saillantes. Epoque du xv$^{e}$ siècle.

153 — Grande lampe d'autel en cuivre repoussé à côtes tournantes, offrant sur les côtés, des figurines de chérubins, tenant les chaînes à torsades. Epoque Louis XIII.

154 — Panoplie renfermant six épées, six hallebardes, deux poignards, deux fers de lances, deux gantelets, une cuirasse, un casque et un bouclier.

## CUIVRES

155 — Grand lustre hollandais, en cuivre poli, à trente-deux lumières.

156 — Jardinière ovale en cuivre repoussé, à gaudrons, pieds à griffes et anses en bronze, épo-

que Louis XIII, posant sur un support en fer forgé.

157 — Petite jardinière ronde, en cuivre repoussé, à gaudrons, posant sur un support en fer. Époque Louis XIII.

158 — Fontaine et son bassin, en cuivre rouge repoussé, ornée d'une frise à gaudrons, support en fer forgé. Époque Louis XIII.

159 — Grande jardinière ovale, en cuivre jaune, bordure à filets. Époque Renaissance.

160 — Deux flambeaux en cuivre de l'époque Louis XIII.

161 à 163 — Trois plats en cuivre repoussé, offrant au centre : Adam et Ève. Époque Louis XIII.

164 — Grande fontaine et son bassin, en forme de coquille, en cuivre repoussé à oves et gaudrons. Époque Louis XIII.

165-166 — Quatre braseros ronds en cuivre, posés sur des pieds à griffes, anses à anneaux mobiles. Époque Louis XIII.

167 — Plat en cuivre repoussé, représentant Saint Georges terrassant le dragon, l'entourage à inscriptions. XVIe siècle.

168 — Plat en cuivre repoussé, à fruits et inscriptions. XVIe siècle.

169 — Plat en cuivre repoussé, offrant au centre la Vierge tenant l'Enfant Jésus sur un fond rayonnant et surmontée de deux anges tenant une couronne. XVI<sup>e</sup> siècle.

170 — Plat en cuivre repoussé, à personnage mythologique. XVI<sup>e</sup> siècle.

171 — Plat en cuivre repoussé, ombilic à gaudrons. XVI<sup>e</sup> siècle.

172 — Plat en cuivre repoussé, offrant au centre une rosace.

173 — Deux grands plats en cuivre repoussé, à oves et gaudrons. Époque Louis XIII.

174 — Deux grandes aiguières en cuivre rouge, panse à côtes et cannelures. Époque de la Renaissance.

175 — Deux cruches en cuivre martelé. Époque de la Renaissance.

176-178 — Trois plats en cuivre, à gaudrons. XVI<sup>e</sup> siècle.

## FERS FORGÉS

179 — Lanterne vénitienne en fer forgé et ajouré, de forme octogonale, offrant dans le bas des guirlandes de fleurs, arêtes à volutes feuillagées,

coupole ajourée surmontée d'une croix, hampe en velours rouge. Époque XVIe siècle.

180 — Deux appliques en fer forgé et découpé, formées par des rinceaux feuillagés et fleuronnés. Époque du XVIe siècle.

181 — Deux grandes appliques en fer forgé, modèle à rinceaux se terminant par une fleur, offrant des vestiges de dorure. XVIe siècle.

182-185 — Quatre appliques à cinq lumières en fer forgé et découpé, formées par des rinceaux fleuronnés et feuillagés. XVIe siècle.

186 — Devant de feu en fer forgé, orné de feuillage en fer découpé, et sur le devant d'un écusson aux armes d'Angleterre au milieu de fleurs, offrant encore des vestiges de dorure. Époque XVIe siècle.

187 — Deux appliques à une lumière en fer forgé, doré et découpé, formées par des rinceaux feuillagés et fleuronnés.

## FAIENCES, GRÈS, PORCELAINES

188 — Deux grands vases sur piédouches et avec couvercles, en ancienne poterie de Faenza, vernissée blanc ; les côtés sont ornés de têtes de chérubins reliées par des guirlandes de feuillage,

partie rehaussée d'or, anses en forme de volutes feuillagées.

189 — Trois vases en ancienne faïence de Pesaro décorés de guirlandes de fleurs et feuillage en polychrome sur fond blanc.

190 — Trois grands plats en ancienne faïence de Faënza émaillés blancs, offrant à l'ombilic des écussons armoriés, en polychrome, XVIe siècle.

191 — Deux potiches avec couvercles en porcelaine de Chine, décor à personnages en émaux de couleur et rehaussés d'or.

192 — Deux bouteilles en ancienne faïence de Delft, décor à personnages dans le gout chinois, en bleu sur blanc.

193 — Potiche avec couvercle en faïence de Delft, décor à sujet chinois, en bleu sur blanc.

194 — Trois pots de pharmacie, en ancienne faïence de Caffajola, décorés de fleurs et de devises.

195 — Deux pichets en ancienne faïence de Caffagiolo, décor à fleurs et inscriptions.

196 — Plat en faïence hispano-mauresque, décor à reflets métalliques. Encadré.

197 — Plat creux, en ancienne faïence italienne, décor aux cerf et fleurs, en bleu, vert et jaune.

198 — Cinq plats, en ancienne porcelaine du Japon, décorés de jardinières fleuries et de réserves de fleurs, en polychrome rehaussé d'or.

199 — Trois plats en ancienne faïence hispano-mauresque, décor à reflets métalliques.

200 à 206 — Sept plats en ancienne faïence de Delft, décor à fleurs, arbustes et personnages dans le goût chinois, en bleu sur blanc.

207 à 209 — Trois plats ronds et quatre ovales, en ancienne faïence anglaise, décorés de bouquets et de semis de fleurs.

210 — Garniture de cinq pièces, en ancienne faïence de Delft, composée de trois potiches, avec couvercles surmontés de perroquets et de deux cornets, décorés d'arbustes fleuris dans le goût chinois.

211 — Grande potiche, avec couvercle et à pans en ancienne faïence de Delft, dessin dans le goût chinois, à volatiles et arbustes fleuris, le haut à lambrequins, en bleu sur blanc.

212 — Potiche avec couvercle, en porcelaine de Chine, dessin à arabesques et feuillages en bleu sur blanc.

213 — Deux potiches avec couvercles et à pans, en ancienne faïence de Delft, décor à réserves de scènes champêtres en bleu sur blanc.

214 — Deux cruches, à anses, en ancienne faïence craquelée de Faenza, décorées de fleurs en polychrome sur fond blanc.

215 — Garniture de trois pièces en ancienne faïence de Faenza, composée d'un pot et de deux bouteilles, décorées de bouquets de fleurs en polychrome sur fond blanc.

216-217 — Quatre potiches, avec couvercles, en ancienne faïence de Delft, panse côtelée, dessin bleu sur blanc à fleurettes.

218 — Deux vases en faïence d'Urbino, offrant sur un fond de feuillages et d'arabesques des cartouches à têtes de guerriers romains.

219 — Deux jardinières en ancienne porcelaine de Vienne, forme tulipe, décor en relief à feuilles d'acanthe et cannelures, et à fleurs en bleu sur blanc.

220 — Deux vases forme boules en faïence d'Urbino, offrant sur un fond de feuillages et fleurs des médaillons à têtes de personnages.

221 — Deux cruches sur piédouches, en cuivre, à anses dans le haut, goulot en forme de tête d'animal. Epoque, XVI^e siècle.

## TABLEAUX

### BOUCHER (École de)

222 à 224 — *Scènes galantes.*

Suite de trois dessus de portes. Encadrements de l'époque, en bois sculpté et doré.

### LARGILLIÈRE (École de)

225 — *Portrait de Dame.*

En costume de cour : corsage rose décolleté et orné de broderies, manteau bleu fleurdelysé, doublé d'hermine, jeté sur les épaules.

226 — *Portrait de Dame.*

En costume de velours bleu brodé d'or, parée de joyaux, et rangs de perles dans les cheveux.

Cadre de l'époque en bois sculpté et doré.

### MONNOYER (École de Baptiste)

227-228 — *Corbeilles et guirlandes de fleurs.*

Quatre tableaux.

### VAN SPAENDONCK (Attribué à)

229-230 — *Vases de fleurs sur la terrasse d'un palais.*

Deux petits tableaux, cadres bois sculpté et doré.

## VAN LOO (École de

231 — *Portrait d'un Maréchal en costume de guerre.*

232-233 — *Portrait d'une Dame.*

En costume de cour, drapée dans un manteau de velours vieux rose doublé d'hermine.

Deux tableaux se faisant pendants.

## ÉCOLE ESPAGNOLE

234 — *Portrait d'un jeune Seigneur.*

Représenté en armure, les cheveux en longues boucles tombant sur les épaules.

## ÉCOLE FRANÇAISE (XVIII^e siècle)

235 — *Le Traineau.*

236 — *La Bergère endormie.*

237 à 239 — *Les Mauvais Conseils.*

Trois dessus de porte.

Encadrements de l'époque, en bois sculpté et doré.

## ÉCOLE VÉNITIENNE (XVI^e siècle)

240-241 — *Table chargée de fruits, de fleurs et d'objets d'orfèvrerie.*

Sur les côtés se détachent des perspectives de ruines et de monuments.

Deux tableaux se faisant pendants.

## GANDOLFI

242 à 247 — *Suite de six petits tableaux ovales représentant des scènes religieuses.*

ÉCOLE FRANÇAISE (XVIII<sup>e</sup> siècle)

248 — *Portrait de Dame costumée en bergère.*

Corsage bleu décolleté et manteau rouge jeté sur les épaules, et coiffée d'un chapeau de paille orné d'un bouquet de fleurs des champs.

249 — *Portrait de Femme.*

En costume bleu décolleté, orné d'une guirlande de fleurs, avec rose dans les cheveux.

Cadres anciens, bois sculpté.

ÉCOLE FRANÇAISE (XVIII<sup>e</sup> siècle)

250 — *La Séduction du Faune.*

Cadre de l'époque en bois sculpté et doré.

## GRAVURES ANCIENNES

SAINT-AUBIN (D'après DE)

260 251 — *Le Bal paré.*

Gravure ancienne en couleur, par CHEREAU.

252 — *Le Concert.*

Gravure ancienne en couleur, par DUCLOS.

Cadres de l'époque en bois sculpté et doré.

BENVELL (D'après)

253 — *La Musique.*

Gravure ancienne en couleur, par LEVILLY.

## CREWE (D'après EMMA)

254 — *Julia.*

Gravure ancienne en couleur, par WHITE.
Cadre en bois sculpté et doré.

## DÉBUCOURT

255 — *La Noce au Château.*

256 — *Le Menuet de la Mariée.*

Deux gravures anciennes en couleur.
Cadres anciens en bois sculpté et doré.

## GÉRICAULT

257 — *Les Petits Querelleurs.*

Deux gravures anciennes en noir, par REYNOLDS.

## LAVREINCE (D'après)

258 — *La Comparaison.*

259 — *L'Indiscrétion.*

Deux gravures anciennes en couleur, par JANINET.
Cadres de l'époque en bois sculpté et doré.

## LAVREINCE (D'après

110 260 — *Qu'en dit l'Abbé.*

102 261 — *Le Billet doux.*

Deux gravures anciennes, par DE LAUNAY.
Cadres de l'époque en bois doré.

LAVREINCE (D'après)

262 — *Le Lever des Ouvrières en Modes.*

263 — *L'École de Danse.*

Deux gravures anciennes, par DEQUEVAUVILLER.
Cadres Louis XVI en bois sculpté peint gris et or.

LAVRINS (D'après)

264 — *La Marchande à la Toilette.*

Gravure ancienne, par VIDAL.
Cadre Louis XVI en bois sculpté et doré.

MORLAND (D'après)

265 — *Dancing Dogs.*

— *Guinea Pigs.*

Deux gravures anciennes en couleur, par LEVILLY.

MORLAND (D'après)

680 { 266 — *Return From Market.*

Gravure en couleur, par J.-R. SMITH.

267 — *The Farmer's Stable.*

Gravure en couleur, par WARD.

MORLAND (D'après)

330 { 268 — *The Anglers Repost.*

Gravure en noir, par WARD.

269 — *A Party Angling.*

Gravure en noir, par KEATING.

WHEATLY (D'après)

270 — *Morning.*

Gravure en couleur, par BARNEY.

271 — *Evening.*

Gravure en couleur, par BARNEY.

## TAPISSERIES

272 — Tapisserie-verdure, représentant un paysage animé de volatiles, bordure à guirlandes de fleurs. XVI$^e$ siècle.

Haut., 2 m. 85 cent.; larg., 3 m. 35 cent.

273 — Grande tapisserie-verdure, représentant un paysage boisé et accidenté, avec riante perspective, la bordure à corbeille et guirlandes de fleurs. XVI$^e$ siècle.

Haut., 2 m. 82 cent.; larg., 7 m. 68 cent.

274 — Grande tapisserie de la Renaissance, en deux parties, représentant un paysage boisé et accidenté, avec chien et volatiles; dans le fond, la perspective d'un pont conduisant à un village; bordure à rinceaux et fleurs.

Haut., 3 m. 10 cent.; larg., 3 mètres

275 — Tapisserie-verdure, représentant des volatiles dans un paysage; bordure à fleurs et palmettes. XVI$^e$ siècle.

Haut., 2 m. 70 cent.; larg., 2 m. 55 cent.

276 — Panneau en tapisserie, au petit point, représentant un empereur romain, assis sur un trône dans une salle de son palais, entouré de gardes et licteurs, et prononçant un jugement. XVII<sup>e</sup> siècle. (Cadre en bois noir.)

277-278 — Deux médaillons ovales, en tapisserie au point et au petit point, représentant l'un, l'Adoration des Mages, et l'autre un Évêque ; cadres en bois sculpté et doré, ornés de guirlandes de de fleurs. Fin du XVI<sup>e</sup> siècle.

## DENTELLES VÉNITIENNES

### AU FILET

279 à 282 — Quatre panneaux au filet ancien vénitien du XV<sup>e</sup> siècle, dont trois grands et un petit.

Le premier représente, dans le bas, le « Père Eternel », à demi-couché : près de lui sort un arbre se ramifiant de plusieurs branches ; celle du milieu supporte la Vierge tenant l'Enfant-Jésus, et sur les autres sont assis des saints, tenant leurs crosses, bordure à coquilles et rinceaux.

Haut., 3 mètres ; larg., 2 m. 10 cent.

Le second représente un vase de fleurs et, tout autour, des femmes, des apôtres à genoux, des mauvais génies, au milieu de fleurs et arbustes, sur es côtés, la Crucifixion et la Vierge, entourée des anges alternant par panneaux, la bordure du bas offre des chevaliers, des chevaux au milieu, de petits personnages, arbres et animaux.

Haut., 3 mètres ; larg., 2 m. 10 cent.

Le troisième représente, dans le milieu, des chevaliers sur leurs chevaux, sur un fond d'ornements, petits personnages et animaux, sur les côtés des sirènes, et dans le bas des cavaliers, des arbres et des petits animaux.

Haut., 3 mètres ; larg., 2 m. 10 cent.

Le quatrième représente la Vierge dans l'étable avec saint Joseph près d'elle, et présentant l'Enfant-Jésus aux Rois Mages : tout autour se dessinent des personnages, des arbres et des animaux, la bordure est à inscription latine.

Haut., 90 cent.; larg., 1 m. 45 cent.

## ÉTOFFES-BRODERIES

283 — Grande dalmatique, en ancien velours de Gênes rouge frappé orné d'une bande richement brodée d'or et de soie, représentant par panneaux séparés des sujets religieux dans des encadrements en forme de portique et au centre le Christ donnant sa bénédiction. Époque de la Renaissance.

284 — Grande dalmatique en damas de soie vert, offrant un dessin très fin, représentant des lions

et de petits arbustes fleuris. Époque du XVI^e siècle.

285 — Panneau en soie très finement brodée ; représentant l'Adoration de l'Enfant Jésus, dans un fond un paysage. Époque du XVI^e siècle. Cadre en bois sculpté.

## TAPIS

286 — Grand tapis d'Orient, fond bleu, petit dessin, à palmettes, rosaces et losanges.

Long., 4 m. 20 cent. ; larg., 3 m. 25 cent.

287 — Grand tapis de Smyrne, fond bleu et rouge, orné au centre de rosaces, au milieu de losanges.

288 — Grand tapis ancien d'Orient, fond bleu, petits dessins, à carrelage semé de rosaces et losanges.

Long., 7 m. 80 cent ; larg., 6 mètres.

289 — Grand tapis d'Orient, fond rouge, à dessin polychrome.

290 — Grand tapis ancien d'Orient, fond jaune, petits dessins à rosaces et losanges au milieu d'ornements.

291 — Objets omis.

## Vente Volontaire

# MEUBLES ANCIENS

### OBJETS D'ART, TAPISSERIES

### BIJOUX

## MEUBLES

292 — Très bel ameublement de salon, en bois finement sculpté, à rais de cœur, cannelures et perlés couverts en lampas de soie bleu-pâle, offrant en blanc argent des médaillons à vases de fleurs, accostés d'amours et de colombes, au milieu d'entrelacs et de guirlandes fleuries. Il se compose d'un canapé accompagné de deux coussins, de deux bergères et de six fauteuils. Epoque Louis XVI. Les deux bergères sont signées : *Gailliard*.

293 — Quatre décors de fenêtres en lampas de soie, analogue à celui du salon précédent.

294 — Quatre jolis fauteuils en ancienne tapisserie d'Aubusson, représentant aux dossiers des scènes champêtres à petits personnages, d'après *Huet ;* sur les sièges, des allégories aux fables de La Fontaine, entourées de guirlandes de fleurs attachées à des nœuds de rubans. Bois sculpté, peint en blanc, dessins à rubans enroulés et perlés.

295 — Cabinet en bois noir gravé, dessin et ornements.

296 — Petit meuble à étagère formant console, en acajou et cuivre, le haut à fond de glace. Style Louis XVI.

297 — Petit canapé-marquise en bois sculpté et doré, de style Louis XVI, garni en soie brochée fond gris.

298 — Chaise longue en bois sculpté et doré, de style Louis XV, garnie de canne dorée, avec coussins en soie brochée, à bouquets et guirlandes de fleurs sur fond gris.

298 *bis* — Table poudreuse en bois de rose, XVIIIe siècle.

## OBJETS D'ART

299 — Pendule en biscuit, représentant une allégorie de l'astronomie ; groupe de deux figures, socle en marbre orné de bronze doré. Premier Empire.

300 — Groupe en bronze : Coq de bruyère, par *Jules Moigniez*. Signé.

301 — Groupe en marbre, d'après *Pigalle* : les Amours se disputant un cœur.

302 — Deux bouteilles montées en argent.

303 — Réservoir à opium pour fumeur, en bois des Iles, incrusté de burgau, décors à oiseaux, paysages et caractères.

304 — Haut relief en ivoire Piéta, monture en bois sculpté. Fin du XVI<sup>e</sup> siècle.

305 — Beau mortier en bronze, décors à mascarons et guirlandes. XVI<sup>e</sup> siècle.

306 — Coffret en os sculpté, avec sujets en bas-relief, monture en incrustation. XVI<sup>e</sup> siècle.

307 — Grand et beau cartel en bronze doré, modèle à rocailles avec figure de renommée et oiseaux au milieu de branchages fleuris. Style Louis XV.

308 — Deux statuettes en bronze : petits Bacchus sur socle en marbre brèche d'Alep.

309 — Statuette de batteur de tambourin, en porcelaine, de Chelséa.

310 — Brûle-parfums en noix de coco, finement sculpté, monté en argent. Fin du XVIII<sup>e</sup> siècle.

311 — Deux aiguières et plateau en vermeil, ciselé et gravé. Époque premier Empire.

312 — Deux peintures, portraits de personnage du XVI<sup>e</sup> et XVIII<sup>e</sup> siècle, dans des cadres en bois sculpté et doré. Ancien.

313 — Figurine de petit ramoneur en bronze argenté, de Kley.

314 — Deux peintures sur cuivre : Archange et la Vierge dans deux jolis cadres sculptés et dorés. XVIII<sup>e</sup> siècle.

315 — Tableau russe, dit *Icone*, peinture et argent repoussé. XVIII<sup>e</sup> siècle.

316 — Groupe de la Vierge et l'Enfant et figurine de Saint Pierre, en argent repoussé, sur socle en vermeil enrichi de cabochons émeraude et rubis. XVIe siècle.

317 — Deux moutardiers Louis XVI en argent, décor à sujets, écussons et guirlandes.

318 — Coupe avec couvercle en noix de coco sculpté, monté en argent. Époque premier Empire.

319 — Vidrecome en vermeil repoussé et ciselé, décor à sujets de chasse dans des rocailles. XVIIIe siècle.

320 — Salière en argent, décor à guirlandes et écussons.

321 — Boîte à charnières en argent repoussé, décor à personnages et ornements. Travail Birman.

322 — Groupe en ivoire : la Vierge et l'Enfant. XVIIe siècle.

323 — Deux soucoupes en argent guilloché.

323 *bis* — Brosse montée en argent repoussé, à animaux et rocailles. Louis XV.

324 — Paire de grands candélabres en bronze, à figures de nymphes et amours portant des bouquets à trois lumières, socles en marbre blanc. Style Louis XVI.

325 — Deux statuettes en bronze, des Faunes courant, d'après *Clodion*.

326 — Paire de chenets, formés par deux lions

reposant sur des socles en bronze à patine brune. Style Louis XVI.

327 — Paire de girandoles à trois lumières, à figures de nymphes à pieds de biches. Style Louis XVI.

328 — Deux statuettes en bronze, représentant deux enfants assis personnifiant l'Etude, socles en marbre brèche d'Alep. Style Louis XVI.

329 — Coupe en forme de lampe antique, en bronze, surmontée d'une figure de nymphe dormant.

330 — Coffret en bronze ciselé, parties dorées offrant en relief des saints personnages dans des niches. Style xv$^{e}$ siècle.

331 — Deux flambeaux en bronze poli, à figures de Chinois tenant un parapluie porte-lumière.

332 — Statuette en marbre blanc. Baigneuse, d'après *Falconnet*.

333 — Jardinière en bronze et émail cloisonné.

334 — Jardinière en porcelaine d'Allemagne, décor polychrome.

335 — Lustre en cuivre. Style hollandais.

336 — Deux supports, bois sculpté.

337 — Support, bois de fer, travail japonais.

338 — Deux appliques en bronze. Premier Empire.

339 — Deux sabres indiens

340 — Maquette du Gladiateur.

341 — Buste en biscuit, la Diane de *Houdon*.

342 — Statuette en bronze, le beau Narcisse.

343 — Bas-relief en marbre blanc, Amour tenant une gerbe de fleurs, signé *Madrassi*.

344 — Statuette en terre-cuite, le Génie du Mal, signé *Ségoffin*.

345 — Beau groupe formant jardinière en terre-cuite par *Carrier-Belleuse*. Ronde d'amours tenant des guirlandes de roses.

346 — Belle et grande défense en ivoire sculpté, représentant en relief le Combat du Lion et de la Lionne, un buste de *Jean Sobiesky*, des trophées guerriers, des rinceaux et des ornements divers.

347 — Statuette de mendiant en ivoire et bois sculpté.

348 — Chandelier d'église en bois sculpté et doré, Louis XV, monté à gaz.

349 — Potiche en porcelaine de Chine polychrome.

350 — Trois assiettes, porcelaine de Chine, décor polychrome.

351 — Corbeille à fruits, Premier Empire.

352 — Deux vases en émail cloisonné.

353 — Assiette en porcelaine de Vienne, richement décorée en or et émaux de couleurs, marli à réserves : au centre : Renaud endormi dans les jardins d'Armide. Cadre en bois noir.

354 — Deux plats en porcelaine du Japon, décor en bleu, rouge er or.

355 — Deux grands compotiers en porcelaine du Japon, décorés en bleu sur fond blanc de personnages dans des paysages.

356 — Grand plat en porcelaine du Japon, décor à fleurs et rinceaux en bleu, rouge et or, médaillon central à pagode.

357 — Paire de grandes potiches à couvercles, en porcelaine bleu fouetté de Chine, à décor d'arbustes en or, montées en bronze doré.

358 — Aquarelle : rue de Ville, par *Jongkind*.

359 — Tableau : portrait de femme. École française.

360 — Quatre dessins d'*A. Guillaume*.

361 — Aquarelle, fantaisie, par *Toché*.

362 — Aquarelle, fantaisie, par *Jeannot*.

363 — Tête de Vieillard, dessin de *Van Loo* (signé).

## BOISERIE

364 — Boiserie sculptée d'époque Louis XIV.

365 — Deux dessus de portes d'époque Louis XVI.

## TAPISSERIES, TAPIS

366 — Portière en tapisserie, dite verdure.

367 — Tapisserie-verdure, à oiseaux dans un paysage.

368 — Panneau en ancienne tapisserie, à personnages, fond de paysage.

369 — Tapis persan, décor polychrome.

## BIJOUX

370 — Très belle boucle de ceinture pouvant former ornement de corsage, en brillants, monture émaillée.

371 — Paire de boutons d'oreilles, entourages brillants, montés à vis.

372 — Broche formant applique, modèle rosace, composée de vingt-cinq brillants.

373 — Broche, forme écusson rocaille, en perles, brillants et roses.

374 — Pendant de cou, forme fleur, en brillants et roses.

375 — Etoile montée en broche, en brillants.

376 — Bague turquoise, entourée de dix brillants.

377 — Bague composée de neuf brillants.

378 — Collier en brillants et roses.

379 — Bague en perle et brillants, forme losange.

380 — Bague de cinq rangs de brillants.

381 — Broche or, enrichie de perles.

382 — Paire de boutons d'oreilles, en brillants solitaire.

383 — Bague marquise, en brillants.

384 — Bague, perle et brillants.

385 — Broche en brillants et perles.

386 — Bracelet en or et brillants.

387 à 395 — Bijoux divers de fantaisie, enrichis de pierres fines.

396 — Objets variés.

www.ingramcontent.com/pod-product-compliance
Ingram Content Group UK Ltd.
Pitfield, Milton Keynes, MK11 3LW, UK
UKHW032003260826
14628UKWH00005B/2247

9 782329 501680